Corazón Pintado: Ekphrastic Poems

Xánath Caraza

ISBN: 1940856167
ISBN-13: 978-1-940856-16-2
Library of Congress Control Number: 2015900804

Para Louis Reyes Rivera, poeta
For Louis Reyes Rivera, poet

Contents

ACKNOWLEDGMENTS

Parts of the second edition of Corazón Pintado: Ekphrastic Poems were written with the support from the Beca Nebrija para Creadores 2014 award from the Instituto Franklin in Alcalá de Henares, Madrid, Spain.

Thank you to Silvia Kofler and TL Press in Kansas City, MO for publishing the first edition of Corazón Pintado: Ekphrastic Poems in 2012, and thank you to the editors of literary journals, websites, in which some of the poems of this chapbook have appeared:

“Yanga” in Ensemble, Zona de Ocio, SonSomos.com, El Coloquio de los perros, Conjuro, Noche de colibríes, KC Currents, “Estrella Blanca” in Revista Zona de Ocio, “De tus manos” in Acontecer Veracruzano, Zona de ocio, KC Currents, “Tomando té en Victoria Island”/ “Having Tea on Victoria Island” on jocolibrary.org, “Descubrimiento”/ “Discovery” on umkclibrarieshaiku.wordpress.com, “Retrato/Portrait” in Poets&Artists and Sílabas de viento/Syllables of Wind, “Matilde en la hamaca” in Revista Zona de Ocio, “Árbol de agua” in Revista Zona de Ocio, “Floating Pink Shaman” in International Collaborative Practices, “Copalillo” in Pilgrimage, Círculo de poesía, “Olor a mar del norte” in Conjuro, “Niebla verde” in Magoism.net, “El rebozo de Adelita” in Magoism.net, “Tormenta” in Sílabas de viento/Syllables of Wind, Pilgrimage and Antología Mensaje Indígena de Agua, ““El jardín del poeta” de Van Gogh/“The Poet’s Garden” of Van Gogh” in Conjuro and Guild Literary Complex, “Cueva de Nerja/Caves of Nerja” in Magoism.net and Sílabas de viento/Syllables of Wind, “Naturaleza/Mother Nature” in REBELDES: A Proyecto Latina Anthology, Magoism.net and Sílabas de viento/Syllables of Wind

Thank you to Silvia Kofler, Maria Melendez, Lauro Vazquez and Lonita Cook, and the artists that allowed me use their art for inspiration: Chán, Israel Nazario, Tom Weso, and Adriana Manuela.

…My song will sit in the
Pupils of your eyes,
And will carry your sight
Into the heart of things…

—Rabindranath Tagore

PREFÁCIO

UMA POÉTICA DE MÚSICA E COR
Por Nuno Júdice

A poesia de Xánath Caraza tem duas vertentes: é uma poesia visual, pictórica, em que a palavra remete imediatamente para o objecto mas não é uma poesia descritiva, estática, como se fosse uma natureza morta.

O seu objecto é a paisagem, os rios, a natureza como um cenário quase barroco, com a multiplicidade dos nomes de plantas e a riqueza de uma vegetação que nasce das palavras que a designam e das cores que as envolvem. A poeta executa esses quadros de uma realidade que surge aos nossos olhos com a precisão com que ela executa o seu desenho, e há uma procura do fundo primitivo dessa natureza, tal como seria no tempo anterior à chegada do europeu.

A juntar a esse fundo ancestral e mágico, junta-se um vocabulário também ele encantatório, e aqui regressando a um fundo oral da língua, tanto nas palavras que pertencem à língua anterior à colonização que o poema resgata do esquecimento, como no uso de uma expressão directa, não diria coloquial mas vinda de um canto popular, dando a muitos poemas esse impulso para a voz e a sonoridade.

Música e pintura: são estes dois vértices do triângulo que a linguagem poética vai completar. Sendo colorida, visual, sonora, esta poesia não é melancólica nem elegíaca, mas será antes uma constante anábase, a subida a um cenário que aponta para o renascimento, mesmo quando se fala do passado dos maias e dos descobridores, das tragédias de um tempo de massacres, de escravos e de revoltas. A voz do poema é sensual, sensorial, e atenta à humanidade de coisas presentes que nos são dadas num entrançado de imagens que nos capturam a atenção num desfaio de labirinto que, no entanto, não é um espaço de morte mas antes «um labirinto/ de infinita sensualidade». É neste labirinto que a poeta reúne os espaços de viagens, de continentes, de países e de culturas; e a poesia dá-nos o registo dessas memórias com a generosidade de quem «vive para contar», na tradição de um outro grande escritor sul-americano, Gabriel García Márquez.

Xánath Caraza tem esse dom de transformar em conto o poema, mesmo quando ele tem a síntese lírica do toque metafórico ou do canto; e é isso que nos permite ouvir, em cada poema, essa voz que partilha e transmite o conhecimento do mundo e da vida.
Lisboa, Portugal, 27 de Junho de 2014

PREFACIO

UNA POÉTICA DE MÚSICA Y COLOR
Por Nuno Júdice

La poesía de Xánath Caraza tiene dos vertientes: es una poesía visual, pictórica, en donde la palabra arremete inmediatamente al objeto mas no es una poesía descriptiva estática, como si fuera una naturaleza muerta.

Su objeto es un paisaje, los ríos, la naturaleza como un escenario casi barroco con una multiplicidad de nombres de plantas y la riqueza de una vegetación que nace de las palabras que las designan y de los colores que las envuelven. La poeta ejecuta esos cuadros de una realidad que surge ante nuestros ojos con una precisión con la que ella ejecuta su diseño, y tiene una búsqueda del fondo primitivo de esa naturaleza, tal como sería en el tiempo anterior a la llegada de los europeos.

Al unir ese fondo ancestral y mágico, se adjunta un vocabulario también fascinante, y aquí se retorna a un cimiento oral de la lengua, tanto en las palabras que pertenecen a la lengua anterior a la colonización que el poema rescata del olvido, como del uso de una expresión directa, no diría coloquial sino venida de un canto popular, dando a muchos poemas ese impulso para la voz y la sonoridad.

Música y pintura: son estas dos vértices del triángulo que el lenguaje poético va a completar. Siendo colorida, visual, sonora, esta poesía no es melancólica ni elegiaca sino será antes un constante ascenso, la subida a un escenario que apunta al renacimiento, lo mismo cuando se habla del pasado de los mayas y de los descubridores, de las tragedias de un tiempo de masacres, de esclavos y de revueltas. La voz del poema es sensual, sensorial, y repara en la humanidad de las cosas presentes que nos son dadas en un trenzado de imágenes que captan nuestra atención en un desafíante laberinto que, sin embargo, no es en un espacio de muerte sino anterior «un laberinto/ de infinita sensualidad». Es en este laberinto que la poeta reúne los espacios de viajes, de continentes, de países y de culturas; y la poesía nos da el registro de esos recuerdos con una generosidad de quien «vive para contar», en la tradición de otro gran escritor sudamericano, Gabriel García Márquez.

Xánath Caraza tiene ese don de transformar en cuento o poema, tanto la composición lírica de toque metafórico como el un canto; y es eso lo que nos permite abrir en cada poema, esa voz que reparte y transmite el conocimiento del mundo y de la vida.
Lisboa, Portugal, 27 de junio de 2014

PREFACE
POETICS OF MUSIC AND COLOR
By Nuno Júdice

Xánath Caraza's poetry has two vantage points. It is a visual poetry, pictorial, in which the word is immediately aimed toward its object but it is not descriptive, static poetry, as if it were a still life.

This poetry's aim is landscapes, rivers, nature as an almost Baroque setting with a multiplicity of reality--names of plants and richness of vegetation, born of words which describe colors that engage. This poet creates these glimpses of reality seen with precision in her design. Additionally, there is a pursuit of the primitive background of this nature—this reality, just as it would have been back before the arrival of the Europeans.

Bringing together this ancestral and magical background, vocabulary is blended in and also delightful. Here the poet returns to an oral, underpinning of language, both in words from pre-colonial language which the poems resurrect from days gone by, and the use of directness. I would not say this is colloquial but the dawn of a popular melody. This intention thrusts forward these poems' voices and fullness.

Music and painting: these are two pinnacles poetic language will complete of the triangle. Being colorful, visual, resonant, this poetry is not melancholic or sorrowful, but it will be a constant ascent, the rise to a scenario that points to rebirth. This is even when speaking of the past of the Mayan people and discoverers of the tragedies of a time of massacres, of people who were enslaved and revolts. The voice of these poems is sensual, sensory, and attentive to the humanity of things present, which are given to us in a weft of images capturing our attention. They are a challenge within a labyrinth that is not a dead space but rather the presence of "a labyrinth/ of infinite sensuality". It is in this labyrinth that the poet unifies spaces of travel, of continents, of countries and of cultures; in addition, her poetry generously gives us a log of these memories, from someone who "lives to share". This is within the tradition of another great South American writer, Gabriel García Márquez.

Xánath Caraza has the gift of transforming a story into a poem, even when it has the lyrical melding of a metaphorical touch or a melody. Further, this is what allows us to listen, in each poem, to that voice which shares and transmits worldly and enduring knowledge.
Libson, Portugal, June 27, 2014.

Árbol de agua

Para el arte de Israel Nazario

Culebra roja deslizándose hasta mí
Silueta entre la bruma matutina
Sombras moradas la protegen de la luz
Árbol solitario, deshojado

Tras de ti están los cráteres rojos
Ojos de culebra que miran
Desde lejos, bajo el agua
Al acecho de una víctima más

Aliento de culebra roja
Se desliza entre las olas
Entre el líquido embriagante, trampa de mortal
Ojos que desde el árbol de agua miran

Tree of Water
After the art of Israel Nazario

Red snake slithering toward me
Silhouette in the morning mist
Purple shadows protect it from the light
Lonely tree, leafless

Behind you the red craters are
Snake eyes that watch
Under water from afar
Threatening one more victim

Breath of red snake
Slithering along the waves
Between the intoxicating liquid, mortal trap
From the tree of water, its eyes watch

Yanga
Este poema inspiró El sueño de Yanga por Adriana Manuela

Para Louis Reyes Rivera

Yanga, Yanga, Yanga,
Yanga, Yanga, Yanga,
Hoy, tu espíritu invoco
Aquí, en este lugar.

Este, este es mi poema para Yanga,
Mandinga, malanga, bamba.
Rumba, mambo, samba,
Palabras llegadas de África.

Esta, esta es mi respuesta para Yanga,
Candomble, mocambo, mambo,
Candomble, mocambo, mambo,
Hombre libre veracruzano.

En 1570
Llegaste al puerto de Veracruz,
Encadenado como muchos,
Escapaste de la esclavitud.

Palenque, rumba, samba,
Yanga, Yanga, Yanga,
Espíritu indomable,
Noble hombre de África.

En 1609
Luchaste por la libertad,
Hasta tus puertas llegaron y
No pudieron entrar.

Mandinga, malanga, bamba,
Palenque, rumba, samba,
Palenque, rumba, samba,
Orgullo, ritmo y libertad.

Yanga

This poem inspired El sueño de Yanga by Adriana Manuela

For Louis Reyes Rivera

Yanga, Yanga, Yanga
Yanga, Yanga, Yanga
Today, your spirit I invoke
Here, in this place

This, this is my poem for Yanga
Mandinga, malanga, bamba
Rumba, mambo, samba.
Words having arrived from Africa

This, this is my answer for Yanga
Candomble, mocambo, mambo
Candomble, mocambo, mambo
Free man of Veracruz

In 1570
You arrived at the Port of Veracruz
In chains as many
You escaped slavery

Palenque, rumba, samba
Yanga, Yanga, Yanga
Unconquerable spirit
Noble man from Africa

In 1609
You fought for freedom
At your doors, they arrived and
They couldn't come in

Mandinga, malanga, bamba
Palenque, rumba, samba
Palenque, rumba, samba
Pride, rhythm and freedom

Para 1630
San Lorenzo de los Negros
Se estableció.
Hoy, el pueblo de Yanga.

Candomble, mocambo, mambo,
Yanga, Yanga, Yanga,
Hoy, tu espíritu invoco
Aquí, en este lugar.

Yanga, Yanga, Yanga,
Palenque, rumba, samba,
Mandinga, malanga, bamba,
Candomble, mocambo, mambo.

Candomble, mocambo, mambo,
Mandinga, malanga, bamba,
Palenque, rumba, samba,
Yanga, Yanga, Yanga.

By 1630
San Lorenzo de los negros
Was established
Today, the town of Yanga

Candomble, mocambo, mambo
Yanga, Yanga, Yanga
Today, your spirit I invoke
Here, in this place

Yanga, Yanga, Yanga
Palenque, rumba, samba
Mandinga, malanga, bamba
Candomble, mocambo, mambo

Condomble, mocambo, mambo
Mandinga, malanga, bamba
Palenque, rumba, samba
Yanga, Yanga, Yanga

Estrella blanca
Para White Star de Tom Pecore Weso

Guía desde las bóvedas azules
Cubre desiertos amarillos
Con blanco resplandor

Cielo suave
Donde habitan
Otros cuerpos de la noche

Pintora de cactus
Guardiana de la vida
Blanco nace de tus entrañas

Luminosidad que abraza
Cada ser
Regala vida

Guía nocturna
Protectora del desierto
Que desde cielo nace

White Star
After White Star by Tom Pecore Weso

Guide from the blue domes
Covers yellow deserts
Gleaming white

Soft sky
Where other bodies inhabit
The night

Painter of cactus
Guardian of life
Whiteness is birthed from your entrails

Brightness that embraces
Each being
That gifts life

Nocturnal guide
Protector of the desert
Who, from the sky, is born

Floating Pink Shaman
Para Floating Pink Shaman de Tom Pecore Weso

A la derecha, tu resplandor
Noche rosada de mi primer sueño
Soledad del desierto
Luz nocturna
Cálida arena
Hombre mágico que protege
Con las astas del venado
Al cactus de sabiduría eterna
Generaciones de conocimiento
Corren por tus venas
Ser sagrado de arena
Bajo el cielo de la noche eterna

Floating Pink Shaman

After Floating Pink Shaman by Tom Pecore Weso

To the right your gleaming light
Pink night of my first dream
Loneliness of the desert
Nocturnal light
Warm sand
With the antlers of the deer
Magical man that protects
The cactus of eternal wisdom
Generations of knowledge
Run through your veins
Sacred being of sand
Under the eternal night sky

Corazón pintado

Para Ojos que no ven corazón, que no siente de Chán

Puse a secar en la mesa verde
Con mantel amarillo
Los pedazos de un roto corazón

Al fondo del mar
Se escapó
Ya no lo pude encontrar

En el agua se perdió
Ese corazón desarticulado
Que contra corriente nadó

Con una red de seda y miel
Pude rescatar
A ese fracturado corazón

Con suspiros de almendras
Y una pisca de esperanza
Lo empecé a juntar

Pero no contaba
Con que el viento
Se lo llevara

Aunque cosido quedó
Era de papel
Y se echó a volar

Painted Heart
After Ojos que no ven, corazón que no siente by Chán

I left to dry on the green table
With a yellow tablecloth
The pieces of a broken heart

At the ocean floor
It escaped
I can no longer find it

In the water is lost
That dismantled heart
Against the current it swam

With a web of silk and honey
I was able to rescue
That fractured heart

With almond encrusted sighs
And a pinch of hope
I began to bring it together

But I did not count on
The wind taking
This heart away

Even though sewed together in the end
Of paper it was
And ran away

De tus manos
Para La niña que cortó la flor de Israel Nazario

De tus manos
Se escapan los pétalos
Como libélulas que trazan la historia naciente
La historia que siempre imaginé
El otro principio
Donde las líneas están vacías
Donde no hay contenido fijo
Donde el blanco llena la imaginación

Son tus manos
Las que dejan al pasado fluir
Y se extienden al futuro incierto
Al futuro tormenta
Al futuro verde
Al futuro amanecer
Al futuro de algodón y cielo áureo
Al futuro de perlas y coral
Al futuro de atardeceres rojos
Al futuro frente a la montaña azul

De tus manos
Se escurren las flores de centros amarillos
Se escapan los blancos pétalos
Desaparecen las perfumadas imágenes de la espuma
Se pierden las libélulas rosadas del atardecer
¿Y tus pies?
Se hunden lentamente en el frenético mar

Out of Your Hands
After La niña que cortó la flor by Israel Nazario

Out of your hands
The petals flee
As dragonflies which trace history being born
The history that I have always imagined
The other beginning
Where the lines are empty
Where there is no fixed content
Where white fills the imagination

There are your hands
The ones that allow the past to flow
And expand to the uncertain future
To the future storm
To the green future
To the future dawn
To the future of cotton and golden sky
To the future of pearls and coral
To the future of red dusk
To the future before the blue mountain

Out of your hands
Flowers of innermost yellow slip through
White petals escape
Perfumed images of sea foam disappear
Pink dragonflies of dusk flee
And your feet?
They are slowly sinking into the frenetic sea

Copalillo
Para Copalillo de Israel Nazario

Laberinto de ramas
De profundidad sin límite
Y rugosas texturas
Que arrulla la imaginación
En los torcidos troncos
Inicia el laberinto
De infinita sensualidad

Copalillo
After Copalillo by Israel Nazario

Labyrinth of branches
Endless depth
And rough textures
Rocking the imagination
On trunks twisted
The labyrinth comes from a place
Of infinite sensuality

Es invierno

Es invierno y escucho los pájaros trinar en mi traspatio.
Adivino el color de su plumaje
Azules texturas, rojo matutino
Dorado amanecer que remplaza la oscuridad

Es invierno y veo una flor a lo lejos
Aspiro profundamente cautivando su perfume
Tonos anaranjados entre verdes hojas
Imagen fugaz en la memoria

Es invierno y siento una abeja sobre mi mano
Sus alas rozan mi piel
Su fortaleza me asombra
Su vuelo en zig zag me divierte

Es invierno y las praderas están verdes
Los pájaros buscan una rama para comenzar su canto
Mientras la luna lentamente está desapareciendo

It is Winter

It is winter and I hear birds singing in my backyard
I guess the color of their feathers
Blue textures, morning red
Golden dawn that slowly replaces darkness

It is winter and I see a flower from afar
I breath in profoundly captivating its perfume
Orange tones among green leaves
Fleeting image in my memory

It is winter and I feel a bee on my hand
Its wings brush my skin
Its strength amazes me
Its zig zag flight amuses me

It is winter and the prairies are green
Birds seek for a branch to begin their song
While the moon is slowly disappearing

Olor a mar del norte
Para el arte de Emily Carr

El trinar de las gaviotas
Me despierta, otra vez
Absorbo el olor a mar del norte
Sus aguas profundas y ballenas

Su bahía de tótems
Infinitas espirales doradas y salmón
Tierra de fósiles
Conchas nacaradas
Jade verde y marfil

No es el olor al mar que conozco
Este mar no huele a mi mar
De aguas turbulentas, cálidas
Con olor a sal marina
Mezclado con rojos arrecifes de coral

Este es un mar solemne
De azul profundo
De áureas algas
De orcas viajeras y colmillos de mamut

No es mi mar
Dicharachero
De jaranas y requintos
Es un mar de gaitas
Faros blancos y medusas

No es el mar de huachinangos y mojarras
Y calor tropical
Es un mar de jade verde y salmón
De marfil
De colmillos de mamut

Pero el sonido de gaviotas me vuelve a despertar
Me lleva hasta el mar de jarochos
De rojo coral y caracoles gigantes
Que se mezcla con las gaitas, tótems y medusas
En una infinita dorada espiral

Fragrance of the Northern Sea
After the artwork of Emily Carr

Sounds of seagulls
Awoke me, again
I absorb fragrance of the Northern Sea
Its deep waters and whales

Its bay of totems
Endless spirals of gold and salmon
Land of fossils
Seashells with mother of pearl
Dark green jade and ivory

It is not the aroma of the sea I know
This sea does not smell like my sea
Of turbulent waters, warm
With aroma of sea foam
Mixed with red coral reefs

This is a solemn sea
Of dark blues
Of glistening aquatic spirals
Of traveling orcas and mammoth tusks

This is not my sea
Dicharachero
Of jaranas and requintos
It is a sea of bagpipes
Of white light houses and jelly fish

It is not a sea of red snapper and tilapia
And tropical heat
It is a sea of green jade and salmon
Of ivory
And mammoth tusks

But sounds of seagulls awake me again
It takes me to the sea of jarochos
Of red coral and giant queen conches
Mixing with bagpipes, totems and jelly fish
In an endless spiral of gold

Tomando té en Victoria Island

Pequeñas olas de té me refrescan
Inundan mis sentidos
Mi paladar se llena de pistache verde y miel
Perfume musical de cardamomo
Las hojas de té bailan conmigo
Canciones de flor de lavanda
Mirada frente al mar azul
Dorado atardecer
Olas de té tocándome los pies

Having Tea on Victoria Island

Small ocean waves of tea refresh me
Inundate my senses
My palate fills with pistachio green and honey
Musical perfume of cardamom
Tea leaves dance with me
Songs of lavender blooms
My gaze in front of the blue sea
Golden sunset
Ocean waves of tea touching my feet

Descubrimiento

A la imagen
Entra el estudiante
El papel brilla

Discovery

The student
Enters the image
The paper shines

Niebla verde

Para la poesía de Carmen Boullosa, Sor Juana y Alfonsina Storni

Hombres de humo
De eternidad azul
De pensamientos fragmentados

Hombres que ya no sienten a la mujer susurrante
A la mujer de cuerpo celeste
A la mujer de constelaciones dulces
A la mujer que estimula la imaginación

En el corazón de las ciudades divididas
De las ciudades sin playa
De las ciudades sin nombre
Llega la niebla verde

Como olas gigantes
Como el Saturno de Goya que devora
Como el aliento de la serpiente
Que da entrada a los hombres de humo

Fuerza arrasadora que bloquea
Fuerza que no deja fluir los sentimientos
Que no deja crecer las almas
De líderes de corazones puros

¿Dónde están los recuerdos de la espuma?
¿Dónde están los barullos de la calle?
¿Dónde están las manos salvajes creadoras?
¿Dónde están los pensamientos eternos?
¿Dónde están?

Green Fog

After the poetry of Carmen Boullosa, Sor Juana and Alfonsina Storni

Men of smoke
Of blue eternity
Of thoughts fragmented

Men who don't feel the whispering woman anymore
The woman of celestial body
The woman of sweet constellations
The woman who stimulates imagination

In the heart of the divided cities
Of the cities without a shore
Of the cities without a name
Green fog arrives

As giant waves
As Goya's Saturn that devours
As the breath of the serpent
That lets the men of smoke come in

Crushing power that blocks
Power that doesn't allow feelings to flow
That doesn't allow souls to grow
The souls of leaders with pure hearts

Where are the memories of the foam?
Where are the sounds of the street?
Where are the wild creative hands?
Where are the eternal thoughts?
Where are they?

El rebozo de Adelita

Telares de canela
Con diseños de amaranto.
Producción ancestral.

Secuencias de colores, barro y miel.
Noche estrellada.
Fondo de mar.
Suspiros tersos de algodón.

"...y si Adelita se fuera con otro
la seguiría por tierra y por mar..."

La buscaría con su rebozo dorado
De semillas de viento.
A su paso los caracoles sonando
Por esa cintura de copal.

"...y si Adelita se fuera con otro
la seguiría por tierra y por mar..."

Que deje el rebozo
Bajo el mar
Entre lunas, corales
Y cien caballitos de mar.

Secuencia de colores,
De trenes y revolución.
Suavidad envolvente
Alrededor del cuerpo.
Cuerpo de mujer con cintura de copal.

"...y si Adelita se fuera con otro
La seguiría por tierra y por mar..."

The Shawl of Adelita

Loom of cinnamon
With designs of amaranth
Ancestral production

Cadence of colors, clay and honey
Starry night
Ocean floor
Green sighs of cotton

"…y si Adelita se fuera con otro
La seguiría por tierra y por mar…"

I would look for her in her golden shawl
With seeds of wind
Underfoot the seashells sounding
Owing to that waist of copal

"…y si Adelita se fuera con otro
La seguiría por tierra y por mar…"

Have her leave the shawl
Under the sea
Between moons and corals
And one hundred sea horses

Cadence of colors
Of trains and revolution
Enveloping softness
Around the body
Of woman with a waist of copal

"…y si Adelita se fuera con otro
La seguiría por tierra y por mar…"

Retrato

Estados de ánimo esculpidos sobre el lienzo
Retrato mordido
Un guiño delineado entre los recuerdos
Retrato embrujado
Una comisura de labios entre comas y signos de interrogación
Retrato de familia
Una pincelada apresurada, un abrir y cerrar de ojos del pasado
Retrato olvidado
Vida en imagen
Retrato al desnudo
Felicidad de barro para la eternidad
Retrato del primer amor
Tristeza de plata grabada en la memoria
Retrato de dictador
De entre el polvo del olvido las sombras renacen
Retrato en sepia
Interpretación de una vida
Retrato de escritor
Movimientos cotidianos reflejados en azul
Retrato de artista
Tela que sirve de fondo para dar vida
Retrato pintado
Papel donde se imprime la imagen
Retrato de cuerpo entero
A través del rojo te descubro
Retrato prohibido
Para quedarte en la memoria verde
Retrato de poeta

Portrait

Emotional states sculpted on canvas
Portrait bitten
A wink traced among memories
Portrait bewitched
A corner of one's mouth between commas and question marks
Family portrait
A brushstroke rushed, a brief memory from the past
Portrait forgotten
Life in images
Naked portrait
Clay happiness for eternity
Portrait of a first love
Silver sadness carved in the memory
Dictator's portrait
Out of the dust of obscurity the shadows are reborn
Portrait in sepia
Interpretation of a life
Portrait of a writer
Everyday movements reflected in blue
Portrait of an artist
Cloth that works to bring life from behind
Portrait painted
Paper where the image is printed
Full body portrait
By means of the red I discover you
Portrait forbidden
To remain in the green memory
Portrait of a poet

Matilde en la hamaca

Para Matilde en la hamaca de Israel Nazario

Ahí estaba
Con su vestido Amarillo
Y el pelo abierto a la aventura
Su mirada perdida entre el mar y un recuerdo
Volar, volar, volar con las aves pasajeras

Calladamente el árbol la miraba
Cuando se mecía en la hamaca
La escuchaba suspirar
Leía sus pensamientos

Distinguía su vestido amarillo
Su cabello flotando en el aire
Temblaba el árbol al pronunciar su nombre
Una discreta hoja se escapó hasta ella
Con la ayuda del viento tocó su cabellera

Matilde in the Hammock

After Matilde en la hamaca by Israel Nazario

There she was
In her yellow dress
And her hair open to adventure
Her gaze lost between the sea and a memory
Fly, fly, fly with the seasonal birds

Quietly, the tree stared at her
While she rocked in the hammock
It heard her breathe
It read her thoughts

It was able to see her yellow dress
Her hair floating in the air
The tree trembled when pronouncing her name
A discrete leaf escaped its way unto her
With the help of the wind, it touched her tuft of hair.

Tormenta
Para la sed de la espera de Israel Nazario

Tormenta de quimeras
Arrasadas por el indomable viento
Por el torbellino de humedad violenta
A la cima de la montaña roja llevas vida
Fecundar las semillas guardadas es tu destino,
Agua del cielo de quetzal

Uala atl uan ehecatl

El árbol que se mantiene erguido
Que aguarda las gotas cristalinas
Conoce la importancia de la espera
Las montañas tienen los secretos
Tormenta de sueños azules que explota
Como perlas desbordándose por las laderas

Uala atl uan ehecatl

Lluvia, mensajera divina
Alimento para la tierra que dará vida
La pluma del quetzal te presiente
Las aves llegan atraídas a la cima
Por el aroma de la tormenta
No huyen, la buscan, la anhelan

Storm
After La sed de la espera by Israel Nazario

Storm of chimeras
Swept by the uncontrollable wind
By the twister of violent humidity
To the top of the red mountain you bring life
Germinating the kept seeds is your destiny
Water from the quetzal's sky

Uala atl uan ehecatl

The tree which remains upright
Which awaits sheer raindrops
He is familiar with the importance of the wait
The mountain has secrets
Storm of blue dreams that burst
As pearls rolling down the mountain sides

Uala atl uan ehecatl

Rain, divine messenger
Nourishment for the earth that will give life
The quetzal's feather senses you
The birds arrive drawn by
The scent of storm
They do not flee. They seek it out. They yearn for it.

"El jardín del poeta" de Van Gogh

Paredes hechiceras
Colores que estremecen el alma
De pronto, te encuentro
"El jardín del poeta"
Sala 241, la inesperada,

El verde me envuelve
Entro en tu límite
En los sauces desbordándose
En el espacio del pintor
Jardín que absorbe

Tranquilidad infinita que devora
Creatividad ilimitada que seduce
Las ramas llevan la fuerza de sus dedos
La magia de su mano
La pasión infinita del pintor

"Jardín del poeta"
Con frondas sin fin que abrazan
Que invitan a soñar
Verde que inquieta
Al poeta en el jardín

"The Poet's Garden" of Van Gogh

Walls bewitched
Colors shake the soul
Suddenly, I find you
"The Poet's Garden"
Gallery 241, the unexpected

Green surrounds me
I enter into your limit
In the overflow of the weeping willow
In the space of the painter
Garden that absorbs

Endless tranquility that devours
Never ending creativity that seduces
Branches carry the strength of his fingers
The magic of his hand
Infinite passion of the painter

"The Poet's Garden"
Unlimited tree tops that embrace
Inviting to dream
Green that unsettles
The poet in the garden

Cueva de Nerja
Este poema inspiró Cueva de Nerja por Adriana Manuela

Para Isabel Ruiz Lara

Columnas de tiempo
como piedras de agua.
Fluyen notas musicales
en los minerales,
en cada centímetro
que avanza, eco, eco, eco.

Aleteos de agua,
en intervalos cadenciosos,
se leen en los pliegues de la tierra,
en el centro de la bóveda
como cascadas de piedra,
húmeda oquedad.

En las bóvedas vacías
el grueso aire llena las salas.
El tiempo se absorbe
en la respiración,
en cada aliento,
ritmo de agua.

Latidos de barro,
canto de cristales,
pliegues en las entrañas
de bóvedas pulsátiles.
La piel de la tierra
se abre, se abre, se abre.

(Cueva de Nerja, Andalucía, julio de 2013)

Caves of Nerja
This poem inspired Cueva de Nerja by Adriana Manuela

For Isabel Ruiz Lara

Columns of time
like stones of water.
Musical notes flow
through minerals,
into every centimeter
that advances, echoes, echoes, echoes.

Flapping wings of water,
in cadenced intervals,
are read in creases of the earth,
in the center of the cavern
like cascades of stone,
wet cavity.

In vacant caverns
heavy air fills the halls.
Time is absorbed
in every inhalation,
every breath,
rhythm of water.

Heartbeat of mud,
chant of crystals,
creases at the entrails
of pulsating caverns.
The skin of the earth
is opening, opening, opening.

(Caves of Nerja, Andalusia, July 2013)

Naturaleza
Este poema inspiró Naturaleza por Adriana Manuela

La que se mueve fuerte
Produce flores rojas embriagantes
Y los poemas más sensuales

Está lastimada
Sangran sus cañones
Sus montañas se desgarran

Su corazón rojo profundo tiembla
Vibra su centro enardecido
Las casas caen

Granizadas de plata
Cubren los verdes campos
Con la ira azul de ehécatl

(Kansas City, otoño de 2012)

Mother Nature

This poem inspired Naturaleza by Adriana Manuela

Stirring strongly she
Produces intoxicating red flowers
And the most sensual poems

She is wounded
Her canyons bleed
Her mountains are torn

Her dark red heart trembles
Her inflamed center vibrates
Houses fall

Silver hailstorms
Cover green fields
Ehécatl's blue rage

(Kansas City, fall 2012)

ABOUT THE AUTHOR

Xánath Caraza is a traveler, educator, poet and short story writer. She is the recipient of the Beca Nebrija para Creadores 2014 from the Instituto Franklin in Spain. Her poem, "Ante el río/Before the River" was selected by the Smithsonian Latino Virtual Museum in 2013 to promote Day of the Dead.

Her short story collection, Lo que trae la marea/ What the Tide Brings (2013), is an Award Winning Finalist in the 'Fiction: Short Story Category of the 2014 International Book Awards'; it also received second place in 'Best Translated Book of Fiction, Spanish to English' category and Honorable Mention in 'Best Popular Fiction in Spanish' category of the 2014 International Latino Book Awards, it also made the Notable Latino Books 2012-2013 by LatinoStories.com. Caraza has been nominated for the 2013 Pushcart Prize for short fiction. Caraza won the 2003 Ediciones Nuevo Espacio international short story contest in Spanish and was a 2008 finalist for the first international John Barry Award.

Caraza is an Award Winning Finalist in the 'Fiction: Multicultural' category of the 2013 International Book Awards. Her book Conjuro was awarded second place in the 'Best Poetry Book in Spanish' category and received honorable mention in the 'Best First Book in Spanish, Mariposa Award' category of the 2013 International Latino Book Awards. She was named number one of the 2013 Top Ten "New" Latino Authors to Watch (and Read) by LatinoStories.com.

Originally from Xalapa,Veracruz, Mexico, she has lived in Vermont and Kansas City. She has an M.A. in Romance Languages. She lectures in Foreign Languages and Literatures at the University of Missouri-Kansas City. Her poetry collection, Sílabas de viento (2014) is from Mammoth Publications. Her chapbook, Noche de Colibríes: Ekphrastic Poems (2014) if from Pandora Lobo Estepario Press. Her short story collection, Lo que trae la marea/ What the Tide Brings (2013) is from Mouthfeel Press. Her full-length book of poetry Conjuro (2012) is from Mammoth Publications and the first edition of her chapbook Corazón Pintado: Ekphrastic Poems (2012) is from TL Press.

Caraza is a writer for La Bloga and she writes the "US Latino Poets en español" column. In addition, she writes the poetry/narrative section for Revista Zona de Ocio. She curates the National Poetry Month, Poem-a-Day project, for the Con Tinta Literary Organization since 2012.

Caraza was a judge for the 2014 and 2013 José Martí Publishing Awards, The National Association of Hispanic Publications (NAHP). Caraza has participated in Women Writers in Bloom Poetry Salon, Acapulco en su tinta, Ethnic Voices Reading Series, 2d Festival Internacional de Poesía de Occidente 2014 in El Salvador, in Segundo Festival de Música y Poesía de Puente Genil, Andalusia, Spain in 2014, KC Fringe Festival 2014, Envision, Empower, Embrace: Inspiring Change for Women 2014, Mostra de Educação Ciência e Arte 2014, Apucarana, Paraná, Brazil, Festival Latinoamericano de Poesía de New York City de 2013, X and XI Festival Internacional de Poesía de la ciudad de Granada, Andalusia, Spain 2013 and 2014, International Women's Day 2012, Park University, Floricanto Barcelona 2011 and 2012, Festival de Flor y Canto 2010, USC. Caraza is an advisory circle member of the Con Tinta literary organization and a former board member of the Latino Writers Collective in Kansas City.

Currently she is working on her second short story collection, Cebollas moradas, and her new collection of poetry Ocelocihuatl.

http://xanathcaraza.webs.com/

ARTISTS AND TRANSLATORS

Adriana Manuela
Paraadriana69@gmail.com
www.facebook.com/adrianamanuelastudio
Adriana Manuela is a painter and ceramist originally from Mexico. She has participated in individual shows in Mexico and Spain. Currently, she lives in Córdoba, Andalusia, Spain. Adriana Manuela is working on a new series of ceramics titled: Yolotl.

José Jesús Chán Guzmán, AKA Chán
Anabelchan@prodigy.net.mx
Chán has participated in international collective shows in Mexico, the US, England, France, Spain, Puerto Rico, and Canada. Chán graduated from the School of Fine Arts, University of Veracruz, in Xalapa, Mexico. In 1992 he received the Ramon Alva de la Canal Award, among others. Currently, he lives in Xalapa, Veracruz, Mexico with his wife and two dogs.

Israel Nazario
Nazario90@hotmail.com
Israel Nazario is originally from Santa María Zacatepec, Putla, Oaxaca. He graduated from the School of Fine Arts, UABJO, in the City of Oaxaca, Oaxaca, Mexico. His work has been displayed in several collective and individual shows in Mexico, Japan, and Brazil. Currently, he lives in the City of Oaxaca where he teaches, and paints.

Thomas Weso
Deniselow9@hotmail.com
Thomas Weso is an educator and artist. His vivid paintings based on Woodlands motifs are in collections in Washington DC as well as the Midwest, and he has participated in solo and group shows in Kansas and Missouri. Tom is an enrolled member of the Menominee Indian Nation of Wisconsin. He teaches Native American Studies classes at Friends University. He has published personal essays and articles. He received his M.A. in Indigenous Nations Studies from the University of Kansas.

Stephen Holland-Wempe
hollandintercultural@gmail.com
Stephen Holland-Wempe has taught, translated, and interpreted Spanish, French, and English. He has taught scientific translation in southern Mexico, where he was also the official translator and interpreter for the university international program. For the last twelve years, he has been at the Applied Language Institute at the University of Missouri at Kansas City, where he is the Language and Intercultural Specialist. He is currently completing his international Ph.D. in Social Sciences from the Taos Institute in the U.S. and Tilburg University in the Netherlands.

Sandra Kingery
Sandra Kingery is Professor of Spanish at Lycoming College (Williamsport, PA). Kingery has published translations of two books by Ana María Moix (Julia and Of My Real Life I Know Nothing) as well as a translation of René Vázquez Díaz's Welcome to Miami, Doctor Leal and Daniel Innerarity's The Future and Its Enemies. She has published translations of short stories by Julio Cortázar, Liliana Colanzi, Federico Guzmán Rubio, and Claudia Hernández, among others. Kingery was awarded a 2010 National Endowment for the Arts Translation Fellowship to complete her translation of Esther Tusquets's memoir, We Won the War.

Nuno Júdice
Es el más destacado poeta portugués actual y el más reciente ganador del Premio de Poesía Iberoamericana Reina Sofía. Nació en Mexilhoeira Grande (El Algarve, Portugal) en 1949. Es crítico literario, profesor de Literatura Comparada en la Universidad de Lisboa, y fue agregado cultural de la embajada portuguesa en París entre 1997 y 2004. Dirigió la Casa de Poesía de Fernando Pessoa. Comenzó su actividad literaria en el año 1972 con su primer libro, Noçao do Poema. Según el poeta Ángel Crespo, también traductor de su obra, la poesía de Júdice "ha sabido integrar las conquistas lingüísticas de la vanguardia de los años 50 y 60 en una textualidad que evita la fragmentación del poema y se orienta, por el contrario, hacia un relato misteriosamente epilírico". Ha sido traducido al español, italiano, inglés y francés. En buena parte de su obra, la reflexión entre lo que fue y lo que se piensa que fue, el dibujo de las personas y las cosas sencillas que se fijan en su evanescencia, nos

causan una honda melancolía. Entre sus libros de poesía: As Inumeráveis Aguas (1975), Enumeraçao de sombras (1989), Meditaçao sobre ruínas (1995), Teoria Geral do Sentimento (1999), As coisas mais simples (2007).

Xánath Caraza

http://xanathcaraza.webs.com/

Xánath Caraza is a traveler, educator, poet and short story writer. Caraza's bilingual poetry and short story collections are Sílabas de viento/Syllables of Wind (2014), Noche de Colibríes: Ekphrastic Poems (2014), Lo que trae la marea/What the Tide Brings (2013), Conjuro (2012), and Corazón Pintado: Ekphrastic Poems (2012). She writes the column, "US Latino Poets en español". Caraza is a writer for La Bloga and for Revista Zona de Ocio, and teaches at the University of Missouri-Kansas City (UMKC). She is an advisory circle member of the Con Tinta literary organization.

ART CREDITS

Adriana Manuela
Paraadriana69@gmail.com
www.facebook.com/adrianamanuelastudio

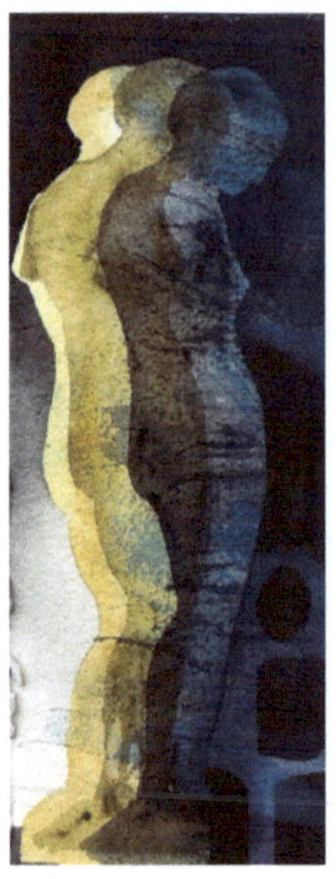

José Jesús Chán Guzmán, AKA Chán
Anabelchan@prodigy.net.mx

Israel Nazario
Nazario90@hotmail.com

Thomas Weso
Deniselow9@hotmail.com

PUBLISHER

Pandora lobo estepario Productions
http://www.loboestepario.com/press
Chicago